A. Massenkeil, P. Panesar

Kerzen-Gel

Neue Ideen

ENGLISCH VERLAG

Die Deutsche Bibliothek – CIP-Einheitsaufnahme
Kerzen-Gel: neue Ideen/A. Massenkeil/P. Panesar. – Wiesbaden: Englisch, 1999
ISBN 3-8241-0958-1

© by Englisch Verlag GmbH, Wiesbaden 1999
ISBN 3-8241-0958-1
Alle Rechte vorbehalten. Nachdruck, auch auszugsweise, verboten.
Fotos: Frank Schuppelius
Herstellung: Michael Feuerer
Printed in Spain

Inhaltsverzeichnis

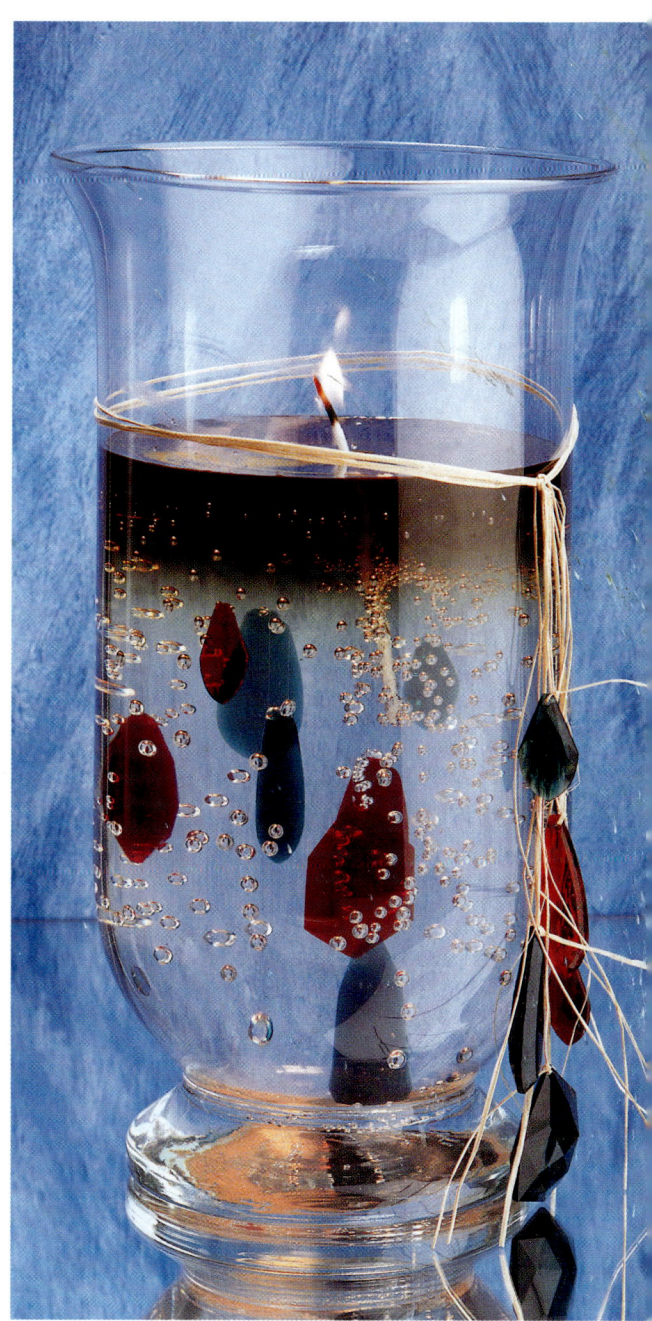

Vorwort

Jetzt fehlt nur noch die passende Kerze, das haben Sie sich sicher auch schon bei einigen Gelegenheiten gedacht. Für einen bestimmten Anlass hat man den Tisch liebevoll gedeckt und dekoriert, findet aber keine passende Kerze.

Kerzen-Gel löst dieses Problem. Man kann entweder transparentes Gel in ein zur Dekoration passendes Glas gießen oder Kerzen-Gel in der gewünschten Farbe einfärben und so auf die Dekoration abstimmen. Im Handumdrehen kann man für jeden Anlass eigene Kerzen gestalten.

Viel Freude an eigenen Gestaltungsideen wünschen

Angelika Massenkeil und Pammi Panesar

Material und Werkzeug

Jede Kerze ist mit einer genauen Materialliste versehen. Generell benötigen Sie folgendes Zubehör:

- ❖ transparentes Kerzen-Gel
- ❖ Kerzen-Gel in Blau, Rot, Grün und Gelb
- ❖ Metall-Schaschlikspieß
- ❖ gewachste Kerzendochte
- ❖ verschiedene Glasgefäße
- ❖ hohen Stieltopf (zum Erhitzen des Gels)
- ❖ großen Kochtopf für das Wasserbad
- ❖ Dekorationsartikel aus Keramik, Glas, Metall
- ❖ Bleistift
- ❖ transparenten Nähfaden
- ❖ Schere
- ❖ Zahnstocher
- ❖ Klebstoff
- ❖ nach Belieben Duftöl
- ❖ evtl. Wachspastillen zum Einfärben des transparenten Kerzen-Gels

Was ist Kerzen-Gel?
Kerzen-Gel, manchmal auch Gel-Wachs genannt, ist ein gelartiges Wachs, das durch Erhitzen gießfähig wird. Kerzen-Gel gibt es in Transparent und verschiedenen transparent wirkenden Farbtönen. Anstelle des schon eingefärbten Gels können Sie auch spezielle Wachspastillen zum Einfärben des transparenten Gels im Hobby-Fachhandel erhalten. Das Besondere an diesem Wachs ist, dass man die verschiedensten kleinen Dinge oder Erinnerungsstücke an den letzten Sommerurlaub, wie z. B. Muscheln und Sand, oder einfach Blüten, Büroklammern, Keramik-Dekoteile usw. in das Gel eingießen kann.

Einige hilfreiche Tipps vorab

Was braucht man für eine Gel-Kerze?
Die Menge des benötigten Gels hängt von der Größe des Glasgefäßes ab. Als Faustregel gilt: 80 g Gel passen in ein Glas mit 100 ml Fassungsvermögen. Im Durchschnitt benötigt man ca. 200 g Kerzen-Gel für ein Gefäß in der Größe von 200–300 ml.
Außer Kerzen-Gel benötigen Sie nur noch einen gewachsten Docht und ein Glasgefäß. Alle anderen Dinge, wie einen Topf zum Erhitzen und einen zweiten für das Wasserbad sowie einen Metall-Schaschlikspieß und natürlich die Kleinigkeiten zum Eingießen, finden Sie sicher in Ihrem Haushalt.

Was eignet sich zum Eingießen?
Kleinigkeiten aus Metall, Keramik oder Glas eignen sich am besten zum Eingießen, denn sie sind schwer und bleiben beim Eingießen auf dem Gefäßboden liegen.
Holzartikel eignen sich nicht so gut, da sie leicht sind und daher beim Eingießen nach oben schwimmen; sind sie farbig angemalt, löst sich die Farbe und trübt oder färbt das Gel ein. Wenig geeignet

sind auch Gegenstände aus Kunststoff und Textil, da sie sich beim Einfüllen des heißen Gels verformen können und später beim Anbrennen der Kerze unter Umständen in Flammen aufgehen.

Warnhinweis:

Vermeiden Sie, die Dekorations-Artikel direkt an den Docht zu legen, damit sie beim Abbrennen der Kerze unbeschädigt bleiben. Platzieren Sie die Gegenstände immer nahe an der Glaswandung, so kommen sie auch in dem Kerzen-Gel besser zur Geltung.

Grundsätzlich gilt für alle Kerzen: Lassen Sie sie nicht unbeaufsichtigt brennen! Da sich das Gefäß Ihrer Kerze nach längerer Brenndauer sehr aufheizt, sollten Sie es auf eine nicht entflammbare Unterlage stellen, wie alle anderen Kerzen, die in Gefäßen gegossen sind, auch.

Löschen Sie die Flamme, bevor diese die eingetauchten Dekorations-Artikel erreicht, oder heben Sie die Gegenstände aus dem weichen Gel heraus und brennen Sie dann die Kerze zu Ende.

Luftblasen

Bereits in der Verpackung enthält das puddingartige Gel oftmals noch Luftbläschen. Beim Verflüssigen des Gels im Wasserbad entstehen weitere Bläschen, auch durch das Gießen in das Glasgefäß bilden sich neue Bläschen.

Diese Bläschen, die einen schönen Effekt ergeben, sind – je nach eingeschlossenem Dekorationsartikel – jedoch nicht immer wünschenswert. Ganz vermeiden lassen sie sich aber nicht.

Tipp: Erwärmt man das Glasgefäß, in das das Gel eingefüllt wird, fällt die Blasenbildung weit geringer aus. Bei unseren Arbeiten haben wir die Glasgefäße in einen Topf mit heißem Wasser gestellt und dann erst das Gel hineingefüllt. Wir haben die Gefäße bis zum Erstarren des Gels in diesem „Wasserbad" stehen gelassen.

Einfügen des Dochtes

Für das Arbeiten mit Kerzen-Gel eignen sich zwei verschiedene Dochtarten: gewachste Dochte mit Dochthalter sowie Dochte ohne Dochthalter. Dochte mit Dochthalter werden vor dem Einfüllen des heißen Gels mit ihrem gewachsten Metallplättchen am Glasboden befestigt, und gewachste Dochte ohne Dochthalter werden nach dem Einfüllen des Gels platziert. Bedenken Sie, dass der Docht in der transparenten Kerze gut sichtbar ist, deshalb sollte er senkrecht durch die Kerze führen. Am einfachsten ist daher die Verwendung eines Dochtes mit Dochthalter. Der Dochthalter wird am Glasboden befestigt und der Docht mit einem Holzstab oder Bleistift auf dem Glasrand abgestützt. So kann er nicht verrutschen. Allerdings wirkt der Dochthalter in den transparenten Kerzen meistens sehr störend.

Gewachste Dochte ohne Dochthalter sind am unteren Ende markiert, da sich dieses Ende unten in der Kerze befinden muss. Sie können den Docht nach dem Abkühlen, aber vor dem endgültigen Erstarren in das Gel schieben. Dabei verkrümmt sich der Docht jedoch leicht. Besser ist es, wenn Sie einen Metall-Schaschlikspieß im Wasserbad erhitzen und ein Loch in das erstarrte Gel bohren.

Dann schieben Sie den Docht hinein. Auf diese Weise erhalten Sie einen sauberen Einschnitt, ohne dass sich erneut Bläschen bilden. Bläschen bilden sich bei dieser Methode dann, wenn Sie auf das Erhitzen des Schaschlikspießes verzichten.

Schritt-für-Schritt-Grundanleitung

Im Folgenden wird beschrieben, wie eine Kerze aus Kerzen-Gel hergestellt wird.

1. Schritt

Kerzen-Gel sollte aufgrund der Brandgefahr immer nur im Wasserbad erhitzt werden.

Geben Sie die benötigte Gel-Menge in einen Stieltopf und diesen in einen großen Topf mit Wasser. Das Gel wird bei 90° bis 95° Celsius flüssig und ist dann gießfertig. Kleine Luftblasen können Sie mit einem Zahnstocher aufstechen.

Wichtig: Achten Sie darauf, dass das Wasser des Wasserbades beim Kochen nicht in den Stieltopf spritzen kann, da das Gel sonst trüb wird. Am besten ist es, wenn der Topf, der das Gel enthält, sehr hoch ist (z. B. Milchtopf). Befindet sich solch ein Topf nicht in Ihrem Hausrat, so füllen Sie nur sehr wenig Wasser in den großen Topf, also in das Wasserbad.

Tipp: Es gibt spezielle Wachs-Schmelz-Geräte zum Schmelzen von Wachs. Darin kann man natürlich das Kerzen-Gel auch erhitzen.

2. Schritt

Stellen Sie ein gut gespültes Glas bereit. Verwenden Sie einen gewachsten Docht mit Dochthalter, so müssen Sie ihn vor dem Einfüllen des heißen Gels am Glasboden und mit einem Holzstab oben am Glasrand fixieren, damit er nicht hin- und herrutschen kann. Stellen Sie Ihren Dekorations-Gegenstand in das Glas.

3. Schritt

Füllen Sie das flüssige, für ein paar Minuten abgekühlte Gel-Wachs langsam in das Glas. Das Material erstarrt relativ schnell und erhält dann seinen ursprünglichen geleeartigen Zustand. Wenn Sie einen gewachsten Docht ohne Dochthalterung verwenden, erhitzen Sie einen Metall-Schaschlikspieß (dazu legen Sie diesen einfach in das Wasserbad), und stechen Sie damit die Röhre für den Docht. Führen Sie nun sofort den gewachsten Docht in die Öffnung ein.

Das Erstarren des Gels ist wichtig, denn wenn Sie den Docht gleich nach Einfüllen des Kerzen-Gels einziehen, verzieht er sich häufig, und die Kerze brennt dann nicht sauber und gleichmäßig ab.

Bunte Farbschichten

Möchten Sie eine Kerze aus verschiedenen Farbschichten herstellen, so verfahren Sie wie folgt:
Verflüssigen Sie eine Kerzen-Gel-Farbe im Wasserbad, und füllen Sie sie in das Glasgefäß ein. Lassen Sie diese Schicht erstarren. Erhitzen Sie nun die zweite Farbe, und gießen Sie diese langsam auf die erste Schicht. Wenn diese Schicht erstarrt ist, erhitzen Sie die nächste Farbe und füllen das Gefäß damit auf. Als Variante können Sie das Glas nach dem jeweiligen Einfüllen auch schräg stellen. Den Docht führen Sie zum Schluss ein.

Einarbeiten von Sand

Wenn Sie Sand aus dem Sandkasten, von der Baustelle, Vogelsand oder auch Dekorations-Sand, der in vielen Farben und Körnungen in Hobby-Fachgeschäften erhältlich ist, für die Kerzen verwenden, können Sie besondere Effekte erzielen. Eine Sandschicht auf dem Gefäßboden macht sich bei landschaftsähnlichen Themen, wie z. B. Muscheln am Strand oder getrockneten Blumen auf einer grünen Wiese, sehr gut.

Hinweis: Füllt man Sand, Dekorations-Sand oder kleine Kieselsteine in das Glasgefäß und gießt es dann mit Kerzen-Gel auf, muss man mit starker Bläschenbildung rechnen, da bereits zwischen dem Sand oder den Kieselsteinen viel Luft eingeschlossen ist.
Tipp: Generell kann man Kerzen-Gel mit ein paar Tropfen Duftöl vermischen und so Duftkerzen in allen Variationen herstellen.

Blütenzauber

Anleitung

Füllen Sie eine Schicht Sand in das Gefäß, und stecken Sie kleine Rainfarnbüschel hinein. Erhitzen Sie das transparente Kerzen-Gel im Wasserbad. Um eine starke Bläschenbildung zu vermeiden, stellen Sie das Glas zum Erwärmen in das Wasserbad. Füllen Sie das nur kurz abgekühlte Gel langsam in das Glasgefäß.

Nach dem Erstarren des Gels bohren Sie mit einem heißen Schaschlikspieß (Sie können ihn ebenfalls im Wasserbad erwärmen) das Loch für den Docht. Schieben Sie den gewachsten Docht hinein. Die gelbe Trübung hat sich bei unserer Kerze durch das Abfärben des Rainfarns ergeben.

Achten Sie beim Abbrennen der Kerze darauf, dass Sie die Flamme löschen, bevor die Blüten erreicht sind.

Kornblumen

Anleitung

Erhitzen Sie das transparente Kerzen-Gel im Wasserbad, und lassen Sie es kurz abkühlen. Dann füllen Sie das Gel ca. 2 cm hoch in das Glas ein.

Legen Sie die Kornblumen obenauf und achten dabei darauf, dass die Blumen nicht zu nah in die Kerzenmitte geraten, damit der Docht dort später eingezogen werden kann.

Lassen Sie das Gel fest werden. Füllen Sie dann das restliche Gel auf. Nach dem vollständigen Erstarren des Kerzen-Gels erhitzen Sie einen Metall-Schaschlikspieß im Wasserbad und bohren ein Loch in die Mitte der Kerze. In dieses Loch ziehen Sie den gewachsten Docht ein.

Tipp: Um das Ansengen der Blüten zu vermeiden, heben Sie die Blüten entweder aus dem Gel, sobald die Kerze entsprechend weit heruntergebrannt ist, oder Sie drücken die Blüten mit einem Holzstäbchen oder einem Metalllöffel tiefer in das weiche Gel.

Muscheln und Sand

Material

✦ transparentes Kerzen-Gel
✦ Muscheln
✦ feiner weißer Sand
✦ gewachster Kerzendocht
✦ Glas

Anleitung

Füllen Sie etwas Sand in das Glas, und legen Sie die Muscheln darauf, lassen Sie in der Mitte jedoch genügend Platz, um dort später den Docht einzuziehen. Gießen Sie das flüssige Kerzen-Gel möglichst langsam in das Glas.

Warten Sie, bis das Kerzen-Gel erstarrt ist. Dann wird der Docht eingefügt. Erhitzen Sie hierfür einen Schaschlikspieß aus Metall im Wasserbad.

Bohren Sie mittig ein Loch in die Kerze, und ziehen Sie sofort den gewachsten Docht ein.

Nordseestimmung

Material

❖ transparentes Kerzen-Gel
❖ feiner weißer Sand
❖ hohes Glas
❖ gewachster Kerzendocht
❖ kleiner Keramik-Leuchtturm

Anleitung

Füllen Sie etwas Sand in das Glas, und stellen Sie den Leuchtturm nahe der Glas-wand hinein. Gießen Sie das nach dem Erhitzen flüssige Kerzen-Gel möglichst langsam in das Glas. Der Docht wird ein-gefügt, nachdem das Wachs erstarrt ist. Bohren Sie mit einem heißen Schaschlik-spieß ein Loch in die Kerze und ziehen Sie den Docht ein.

Blaue Gel-Muscheln

Material
+ transparentes Kerzen-Gel
+ Kerzen-Gel in Blau
+ gewachster Kerzendocht
+ Eiswürfelform für Muscheln
+ großes Glas mit Fuß in geätztem Muscheldekor
+ Sand
+ Muscheln und Seestern

Anleitung
Erhitzen Sie das blaue Kerzen-Gel, und lassen Sie es abkühlen. Füllen Sie es in die Eiswürfelform.

Nach dem völligen Erkalten können Sie die einzelnen Formen, in diesem Fall Muscheln, herausnehmen.

Dekorieren Sie das Glas mit Sand, Seestern und Muscheln. Setzen Sie die Muscheln nicht zu nah in die Glasmitte, damit genügend Platz für das Einziehen des Dochtes bleibt. Verflüssigen Sie das transparente Kerzen-Gel, und füllen Sie es in das Glas. Nach dem Erstarren des Wachses bohren Sie mit einem erhitzten Metall-Schaschlikspieß ein Loch in die Kerzenmitte und schieben den gewachsten Docht ein. Legen Sie nun die blauen Gel-Muscheln auf die Kerze.

Schwimmende Sterne

Material

- transparentes Kerzen-Gel
- Kerzen-Gel in Gelb und Blau
- gewachster Kerzendocht
- flacher Dessert-Teller
- Ausstechförmchen in Sternform
- große flache Glasschale

Anleitung

Erhitzen Sie das gelbe Kerzen-Gel, bis es flüssig wird. Gießen Sie das Gel auf einen Teller, sodass Sie eine zusammenhängende Schicht von ca. 1 cm Dicke erhalten. Nach dem Erkalten des Gels stechen Sie mit einem Ausstechförmchen den Stern aus. Auf die gleiche Weise stellen Sie zwei weitere Sterne aus blauem Kerzen-Gel her. Erhitzen Sie dann einen Schaschlikspieß im Wasserbad und bohren in jeden erkalteten Stern ein Loch in die Mitte. Schieben Sie den gewachsten Docht ein.

Tipp: Das Anzünden der Schwimmkerzen können Sie sich erleichtern, wenn Sie die Kerzen auf einen Schöpflöffel legen, anzünden und dann vorsichtig in das Wasser setzen. Wenn Sie möchten, können Sie das Wasser mit einem Tropfen flüssiger Lebensmittelfarbe blau einfärben. Das sieht besonders schön aus, wenn Sie lediglich gelbe Sterne fertigen. Legen Sie die Sterne vorsichtig in das gefärbte Wasser.

Meeresidylle

Material

- ✤ transparentes Kerzen-Gel
- ✤ breites flaches Glas
- ✤ gewachster Kerzendocht
- ✤ Sand, kleine Kieselsteine, kleine Muscheln
- ✤ kleine Keramik-Möwe
- ✤ kleine Zweige und trockene Gräser

Anleitung

Füllen Sie den Sand ringförmig in das Glas, sodass die Mitte vom Sand frei bleibt. Erhitzen Sie das Kerzen-Gel im Wasserbad, und lassen Sie es kurz abkühlen. Dann füllen Sie das Gel langsam in die Kerzenmitte. Achten Sie darauf, dass das Kerzen-Gel nur die Mitte bedeckt, der Sand wird nicht übergossen. Nach dem Erstarren des Gels erhitzen Sie im Wasserbad einen Schaschlikspieß aus Metall. Bohren Sie damit ein Loch in die Kerzenmitte und ziehen dort den Docht ein. Aus Kieselsteinen, Muscheln, Zweigen und Gräsern bauen Sie eine Uferlandschaft. Die Möwe platzieren Sie an den Rand des Gels.

Farbstreifen mit Eiswürfeloptik

Material
- transparentes Kerzen-Gel
- Kerzen-Gel in Rot und Blau
- gewachster Kerzendocht
- Glas

Anleitung

Die größte Menge des transparenten Gels wird nicht eingeschmolzen. Schneiden Sie aus der festen Gelmasse eiswürfelgroße Stücke zu, die Sie in das Glas schichten, bis es fast voll ist. Dann erhitzen Sie transparentes Gel im Wasserbad und gießen es langsam in das Glas. Wenn das Gel erstarrt ist, schieben Sie unmittelbar an der einen Glaswand ein Messer entlang. Drücken Sie das Gel ein wenig von der Wand weg, und füllen Sie etwas rotes und blaues Kerzen-Gel, das Sie zuvor erhitzt haben, an dieser Stelle ein. Kerzen dieser Art fallen jedes Mal anders aus, je nachdem wie das Gel verläuft und sich mit dem transparenten Kerzen-Gel verbindet.

Nach dem Erstarren des Gels bohren Sie mit einem Metall-Schaschlikspieß, den Sie zuvor im Wasserbad erhitzen, ein Loch in die Kerze und schieben den gewachsten Docht ein.

Farbstreifen in Blau

Material
- ✤ transparentes Kerzen-Gel
- ✤ Kerzen-Gel in Blau
- ✤ gewachster Kerzendocht
- ✤ Glas

Anleitung

Die größte Menge des transparenten Gels wird nicht eingeschmolzen. Schneiden Sie aus der festen Gelmasse eiswürfelgroße Stücke zu, die Sie in das Glas schichten, bis es fast voll ist. Dann erhitzen Sie transparentes Gel für das erste Drittel des Glases im Wasserbad. Gießen Sie das Gel langsam in das Glas und lassen diese Schicht erstarren. Erhitzen Sie nun für den mittleren Streifen ein wenig blaues Kerzen-Gel im Wasserbad, um einen schmalen blauen Streifen zu gießen.

Nachdem diese Schicht erstarrt ist, erhitzen Sie noch einmal transparentes Kerzen-Gel und gießen damit die letzte Schicht. Diese Kerze fällt bei jedem Gießen anders aus, je nachdem, wie sich das eingegossene Kerzen-Gel mit den Gel-Stückchen verbindet. Es lassen sich mit dieser Technik schöne Effekte erzeugen. Nach dem Erstarren des Gels bohren Sie mit einem Metall-Schaschlikspieß, den Sie zuvor im Wasserbad erhitzen, ein Loch in die Kerze und schieben den gewachsten Docht ein.

Blaues Wunder

Anleitung

Schmelzen Sie das transparente Kerzen-Gel im Wasserbad. Füllen Sie es in das Glas, bis ein Drittel des Glases gefüllt ist. Geben Sie sofort in das heiße Kerzen-Gel je eine blaue und eine rote Wachspastille hinein. Lassen Sie das Gel erstarren. Gießen Sie eine weitere Schicht aus transparentem Kerzen-Gel, das Sie zuvor im Wasserbad flüssig machen, in das Glas. Nun sollte ungefähr die Hälfte des Glases mit Kerzen-Gel ausgefüllt sein. Geben Sie in diese Schicht lediglich eine blaue Wachspastille in das heiße Gel. Nachdem diese Schicht ebenfalls erstarrt ist, schmelzen Sie transparentes Kerzen-Gel für die letzte Schicht. Füllen Sie dieses Gel in das Glas und geben wiederum eine rote und eine blaue Wachspastille dazu. Sobald das Gel erstarrt ist, können Sie einen Metall-Schaschlikspieß im Wasserbad erhitzen und mit ihm ein Loch in die Mitte der Kerze bohren. Führen Sie dort den gewachsten Docht ein.

Glastropfen

Material

- transparentes Kerzen-Gel
- hohes Glas
- gewachster Kerzendocht
- Wachspastille in Rot
- Glastropfen in Rot, Blau und Grün mit Loch zum Durchfädeln (erhältlich im Fachhandel)
- transparenter Faden, Bastfäden
- Bleistift

Anleitung

Befestigen Sie die Tropfen, die Sie in das Kerzen-Gel eingießen wollen, in unterschiedlicher Länge an transparenten Fäden. Befestigen Sie die Fadenenden an einem Bleistift, den Sie über den Glasrand legen, sodass die Tropfen im Glas hängen. Achten Sie dabei darauf, dass kein Tropfen genau in der Glasmitte hängt. Befinden sich die Tropfen in der gewünschten Höhe und am gewünschten Platz, erhitzen Sie das Kerzen-Gel im Wasserbad. Lassen Sie das Gel ein wenig abkühlen, und füllen Sie es dann langsam in das Glas. Füllen Sie noch nicht das ganze Kerzen-Gel in das Glas, denn das Gel für den oberen Streifen wird mit einem Stückchen Wachspastille rot gefärbt. Gießen Sie das gefärbte Gel erst ein, wenn das transparente Gel fest ist.

Wenn die Gel-Kerze insgesamt erstarrt ist, erhitzen Sie einen Schaschlikspieß aus Metall im Wasserbad und bohren mit ihm ein Loch in die Kerzenmitte. Ziehen Sie an dieser Stelle den gewachsten Docht ein. Die Fäden, die zur Aufhängung der Tropfen dienten und die nun über den Kerzenrand hinausstehen, schneiden Sie einfach ab. Binden Sie einige Glastropfen an Bastfäden, und drapieren Sie damit das Glasgefäß.

Bunter Farbcocktail

Material
- transparentes Kerzen-Gel
- Kerzen-Gel in Rot, Grün, Gelb und Blau
- Glas
- gewachster Kerzendocht

Anleitung

Der besondere Pfiff an dieser Kerze besteht darin, dass Sie das bunte Kerzen-Gel nicht einschmelzen, sondern in festem Zustand verarbeiten. Schneiden Sie aus dem roten, grünen, gelben und blauen Gel eiswürfelgroße Stücke zu. Schichten Sie diese Stücke in das Glas, bis es fast voll ist. Dann machen Sie das transparente Kerzen-Gel im Wasserbad flüssig und gießen es langsam in das Glas, um die Zwischenräume aufzufüllen. Teilweise werden die farbigen Gelstücke angelöst, die sich mit dem transparenten Kerzen-Gel vermischen, teilweise entstehen Luftkanäle, die von außen wie Kristalle wirken. Sie erzielen mit dieser Herstellungsmethode also einen ganz raffinierten Effekt. Nachdem das ganze Gel wieder erstarrt ist, erhitzen Sie einen Schaschlikspieß aus Metall im Wasserbad und bohren damit ein Loch in die Mitte der Kerze. Ziehen Sie hier den gewachsten Docht ein.

Hahn

Anleitung

Füllen Sie den Dekorations-Sand in das Glas und stellen dann den Hahn innen an die Glaswand.

Erhitzen Sie das transparente Kerzen-Gel im Wasserbad. Lassen Sie es kurz abkühlen, und füllen Sie es anschließend langsam in das Glas. Geben Sie nun noch eine Messerspitze rotes Kerzen-Gel in das Glas nahe der Glaswandung.

Für das Einziehen des Dochtes warten Sie, bis das Wachs erstarrt ist. Dann erhitzen Sie einen Metall-Schaschlikspieß, bohren ein Loch in die Mitte der Kerze und schieben den gewachsten Docht ein.

Glückspfennige

Material
- transparentes Kerzen-Gel
- Glas
- gewachster Kerzendocht
- Wachspastille in Gelb
- 2 Deko-Mäuse auf Glückspfennigen (erhältlich im Fachhandel)
- Deko-Käse
- Sand
- 2 beidseitig haftende Klebepunkte

Anleitung

Bei der von uns verwandten Glasform wurde der Schaft mit Sand ausgefüllt, um für das Stück Käse eine geschlossene Auflagefläche zu schaffen. Der Käse wird in diesem Fall in der Mitte platziert, und der Docht wird später ein wenig seitlich eingezogen. Erhitzen Sie das Kerzen-Gel im Wasserbad, und färben Sie es mit einem Stückchen Wachspastille hellgelb ein. Lassen Sie es kurz abkühlen, und füllen Sie es dann langsam in das Glas. Nach dem Erstarren des Gels bohren Sie für den Docht mit einem erhitzten Schaschlikspieß aus Metall ein wenig seitlich ein Loch in die Kerze. Bringen Sie auf der Unterseite der Glückspfennige die doppelseitig haftenden Klebepunkte an. Eine Deko-Maus kleben Sie direkt oben auf das Kerzen-Gel, die andere Deko-Maus wird auf den Glasrand geklebt.

Minibüro

Material

* transparentes Kerzen-Gel
* rechteckiges Glas
* gewachster Kerzendocht
* Büroklammern, Nadeln, Heftklammern und Reißzwecken
* transparenter Faden
* Bleistift

Anleitung

Platzieren Sie einige Metallteile auf dem Boden des Glases. Andere befestigen Sie an transparenten Fäden, die Sie in der gewünschten Höhe an einem Bleistift fixieren. Legen Sie den Bleistift über den Glasrand. Achten Sie darauf, dass Sie keines der Teile in die Mitte der Kerze hängen, da hier später der Docht eingezogen wird. Befinden sich alle einzugießenden Teile an ihrem Platz, erhitzen Sie das Kerzen-Gel im Wasserbad. Lassen Sie das Gel ein wenig abkühlen, und gießen Sie es dann langsam in das Glas. Nachdem das Gel erstarrt ist, erhitzen Sie einen Metall-Schaschlikspieß im Wasserbad und bohren damit ein Loch in die Kerzenmitte. Ziehen Sie den gewachsten Kerzendocht in dieses Loch ein. Die überhängenden Fadenenden, die über das Kerzen-Gel hinausragen, schneiden Sie mit der Schere ab.

Perlenbesetzte Gläser

In Kunstgewerbeläden gibt es eine große Auswahl perlenbesetzter kleiner Windlichter. Die Perlen sind entweder einfarbig oder bunt. Füllt man diese kleinen Windlichter mit Kerzen-Gel, erhält man ein besonders hübsches Geschenk.

Material
❖ transparentes Kerzen-Gel
❖ Kerzen-Gel in Rot, Gelb, Blau und Grün
❖ perlenbesetztes Glas
❖ gewachster Kerzendocht

Anleitung

Für die Kerze mit den bunten Perlen erhitzen Sie transparentes Kerzen-Gel, sodass es flüssig wird. Nehmen Sie entweder direkt mit der Hand oder mit einem Löffel von dem festen farbigen Kerzen-Gel je ein walnussgroßes Stück ab, und drücken Sie die bunten Gel-Stücke in Rot, Gelb, Blau und Grün in das Glas. Füllen Sie nun etwas heißes transparentes Kerzen-Gel auf, und lassen Sie das Wachs erstarren. Dann erhitzen Sie einen Metall-Schaschlikspieß im Wasserbad, bohren ein Loch in die Mitte der Kerze und schieben den gewachsten Docht ein.

Die Kerze mit den hellen Perlen wirkt durch ihre schlichte Eleganz. Für diese Kerze verwenden Sie ausschließlich blaues Kerzen-Gel. Machen Sie das Gel flüssig, füllen Sie es in das Glas und lassen es erstarren. Dann ziehen Sie den Docht ein, nachdem Sie mit dem Schaschlikspieß ein Loch gebohrt haben.

Glasmosaik

Material

* transparentes Kerzen-Gel
* Glas mit Mosaikmuster
* gewachster Kerzendocht

Anleitung

Erhitzen Sie das Kerzen-Gel. Währenddessen stellen Sie den Glasmosaik-Behälter in ein Wasserbad mit heißem, aber nicht kochendem Wasser und füllen dann das heiße Kerzen-Gel langsam ein. Nach dem Erstarren des Kerzen-Gels erwärmen Sie einen Metall-Schaschlikspieß im Wasserbad, bohren Sie ein Loch in die Kerze, und ziehen Sie den Docht ein.

Weihnachtszauber

Material

- ✤ transparentes Kerzen-Gel
- ✤ hohes Glas
- ✤ gewachster Kerzendocht
- ✤ Goldspray
- ✤ mittelstarke Plastikfolie,
  z. B. Klarsichthülle
- ✤ Klebekreppband
- ✤ 2 m Goldkordel
- ✤ Goldengel
- ✤ Goldkugel
- ✤ Cutter
- ✤ Permanentstift

Anleitung

Fertigen Sie sich für den Stern auf der Glaswand eine Schablone an. Legen Sie dafür die Folie über die Zeichnung und übertragen die Umrisslinie mit Permanentstift. Dann schneiden Sie die Sternform mit dem Cutter aus. Kleben Sie die Folie mit Kreppband auf das Glas, und sprühen Sie den Stern mit Goldspray aus. Achten Sie darauf, dass das übrige Glas mit der Folie bedeckt ist, sodass das Goldspray keine ungewollten Muster hinterlässt. Lassen Sie die Farbe trocknen, und sprühen Sie dann weitere Sterne. Zum Schluss kleben Sie einen schmalen Kreppbandstreifen ca. 5 mm unterhalb des Glasrandes und sprühen einen schmalen Streifen entlang des Glasrandes.

Wenn die Farbe getrocknet ist, kleben Sie den Streifen gut ab, sodass ein über den Streifen hinausgehender Saum bedeckt ist. Kleben Sie nun in einigem Abstand einen weiteren Kreppbandstreifen auf.

Danach können Sie einen weiteren Goldstreifen sprühen. Erhitzen Sie anschließend das transparente Kerzen-Gel im Wasserbad, lassen Sie es kurz abkühlen. Danach füllen Sie es langsam in das Glas. Nach dem Erstarren des Wachses erhitzen Sie einen Metall-Schaschlikspieß im Wasserbad. Bohren Sie damit ein Loch in die Kerzenmitte, und schieben Sie den gewachsten Docht ein.

Mit einer Goldkordel, einer Goldkugel und einem goldenen Engel sieht die Kerze festlich aus. Um den Glanz noch zu unterstreichen, kann man die Kerze auf einen goldfarbenen Sternteller platzieren.

Weihnachtsduft

Material
- ✤ transparentes Kerzen-Gel
- ✤ Glas
- ✤ gewachster Kerzendocht
- ✤ Messerspitze gemahlenen Zimt und Zimtstange
- ✤ getrocknete Orangenscheiben
- ✤ kleiner Sternenteller

Anleitung

Erhitzen Sie das transparente Kerzen-Gel im Wasserbad und rühren Sie das Zimtpulver langsam ein. Füllen Sie nun dieses Duft-Kerzen-Gel langsam in das bereitgestellte Glas. Nachdem das Gel erstarrt ist, bohren Sie mit einem Metall-Schaschlikspieß ein Loch und schieben den gewachsten Docht hinein.

Dekorieren Sie die Kerze mit Zimtstange auf einem goldfarbenen Sternenteller, wenn Sie möchten. Auf diese Weise sieht die Kerze besonders festlich aus.

Tipp: Besonders schön macht sich die Kerze, wenn Sie sie mit Zimtstangen und getrockneten Orangenscheiben dekorieren.

Millennium

Material

+ transparentes Kerzen-Gel
+ rechteckiges Glas,
  mindestens 9 cm breit
+ gewachster Kerzendocht
+ Metallfolie zum Ausschneiden
+ Bleistift und Kugelschreiber
+ Dekorations-Sand
+ Transparentpapier
+ Schere

Anleitung

Übertragen Sie den Schriftzug von der Zeichnung: Legen Sie Transparentpapier über den Schriftzug, und umfahren Sie den Umriss mit Bleistift. Legen Sie nun Ihre Schablone auf die Metallfolie und drücken Sie die Kontur durch einfaches Durchpausen mit dem Kugelschreiber direkt auf die Metallfolie. Schneiden Sie den Schriftzug aus. Füllen Sie Dekorations-Sand in das Glas, und stellen Sie den Schriftzug nahe der Glaswand hinein. Erhitzen Sie anschließend das transparente Kerzen-Gel im Wasserbad. Lassen Sie es kurz abkühlen, und füllen Sie es langsam in das Glas.

Nach dem Erstarren des Wachses bohren Sie mit einem erhitzten Metall-Schaschlikspieß ein Loch in die Mitte der Kerze und schieben den Docht ein.